Learner's Guide for Laer at Tale Dansk

ISBN: 1-88432-127-4 text only

Published by Audio Forum
One Orchard Park Road, Madison, CT 06443 U.S.A.
www.audioforum.com

LAER AT TALE DANSK is a direct-method course in Danish for
beginners. As such, Danish is the only language used on the
audio tapes and in the text, except for an alphabetic list
of translation equivalencies in English, German and Spanish
of the Danish word list. This Learner's Guide has been
prepared as a convenience for English speakers.

Great care has been taken in the selection of material used in
the course in order to make the instruction interesting, up-
to-date and practical for use in everyday situations. Each of
the 77 brief lesson units begins with a descriptive passage or
"mini" story relating to everyday life in Denmark. On the audio
tapes this introductory material is recorded by two native
speakers and is followed by the pronunciation of the key words
of the lesson. (In the text the key words are printed at the
end of each lesson.)

The text provides several types of exercises: Some are recorded,
while others are written exercises for completion in the text
proper; self-tests (audio and written) occur in most chapters,
and beginning with Chapter 7, there are text exercises based
upon line art. The various types of exercises are identified
by special graphic symbols to make it easy to review the know-
ledge of Danish you are acquiring and to assist your memoriza-
tion and practice of basic sentence structures.

How to Use the Tapes

Before you start to listen to the tapes, read the following in-
structions. They tell you how to use the system most effectively.

1) Listen to the text of Chapter 1 without looking at the book.

2) When you hear the first signal, repeat the words after the
    voice, even if you don't understand them yet. It is very
    important to train your ears to catch the sounds.

3) When you hear the signal again, repeat the text after the
    voice, sentence by sentence. Where there is a question, try
    to answer it. Try to notice when the voice goes up and when
    it goes down, and where the words are stressed.

4) Open your book and play the chapter through a few times while
    you follow the text. If you don't understand a word, you can
    look it up in the word list at the end of the text which
    is translated into English, German and Spanish.

5) Stop the tape and do the written exercises in the text,
    which are marked O, ? and !.

6) Listen to the whole text again without looking at the
    text. Do not go on to the next chapter until you under-
    stand everything.

7) In some chapters you will hear a second signal, which is
    used for the first time in Chapter Seven. It means: Look at
    the picture. It is also used to mean: Stop the tape and
    continue as shown in the book. It is used in this way for
    the first time at the end of Chapter 8.

After the first 20 chapters the texts are only recorded once.
You should still keep your book closed the first time you
play the text, and when you play it again, you must stop the
tape yourself in order to repeat the sentences and answer the
questions.

<u>Vocabulary/Grammar</u>

1) LAER AT TALE DANSK emphasizes the importance of acquiring vo-
    cabulary and learning words in the context of entire sentences.
    However, the key Danish words of each lesson unit in the text
    are listed by chapter with their English equivalents in the
    Learner's Guide. We suggest that you cover up the right-hand
    column of English equivalents to test yourself first on meaning;
    then use the list to say a sentence using the key word. If
    you cannot remember a sentence in which you can use a key word,
    return to the text lesson involved, and review a sentence(s)
    in which the key word is used. This procedure will reinforce
    the meaning of key words and their use in context.

2) Approximately 1,100 words, carefully selected from the most
    commonly used Danish words, constitute the key vocabulary of
    the course. Although this is a relatively small vocabulary,
    its use will enable you to speak effectively and be understood
    in most situations you are likely to encounter.

3) A concise grammar section is provided at the end of the text.
    This will prove to be a useful reference once you have completed
    all the lessons and exercises of the course.

Held og Lykke in learning Danish from LAER AT TALE DANSK.

Lesson **1**

side	=	side, page
stykke	=	piece
et	=	a, an, one
København	=	Copenhagen
er	=	is, am, are
en	=	a, an, one, you
by	=	town, city
Danmark	=	Denmark
land	=	country, land
Oslo	=	Oslo
Norge	=	Norway
Stockholm	=	Stockholm
Sverrig	=	Sweden
ja	=	yes
nej	=	no
ikke	=	not
men	=	but
syv	=	seven
ny	=	new
ord	=	word

Lesson 2

to	=	two
hvad	=	what
også	=	also
otte	=	eight

Lesson 3

tre	= three	Afrika	=	Africa
Europa	= Europe	Pakistan		
USA		i	=	in
Mexico		fem	=	five
Amerika	= America	seks	=	six
Ghana		det	=	it, that
Nigeria		ni	=	nine

Lesson 4

fire	= four		og	= and
ligger	= lies		ti	= ten
hvor	= where		elleve	= eleven

Lesson 5

hr.	= Mr.
fru	= Mrs.
Hansen	
Torben	
Lise	
han	= he
hun	= she
mand	= man
kvinde	= woman
barn	= child
børn	= children
de	= they
voksne	= grown-ups, adults
pige	= girl
dreng	= boy
tolv	= twelve

Lesson 6

tretten	= thirteen
fjorten	= fourteen
for	= for
kone	= wife
far	= father, dad
mor	= mother, mom
broder	= brother
søster	= sister
forældre	= parents
søn	= son
datter	= daughter
søskende	= sisters + brothers
familie	= family
hus	= house
hans	= his
hendes	= hers
den	= it, that, this
hvem	= who, whom, which
bor	= lives

Lesson 7

har	=	has
en bil	=	a car
en hat	=	a hat
en hund	=	a dog
en kat	=	a cat
et skib	=	a ship
hvis	=	whose, if
et nummer	=	a number
med	=	with
deres	=	their, theirs
femten	=	fifteen
seksten	=	sixteen

Lesson 8

De	=	you
jeg	=	I
Smith		
Olivera		
Isono		
Karanja		
Lagos		
Tokio		
New York		
Vera Cruz		
fra	=	from
sytten	=	seventeen

Lesson 9

en seng	=	a bed
atten	=	eighteen

Lesson 10

nitten	=	nineteen
tyve	=	twenty
et menneske	=	a human being
mennesker	=	human beings
mænd	=	men
dyr	=	animals
mange	=	many

Lesson 11

enogtyve	=	twentyone
toogtyve	=	twentytwo
der	=	there, which, who, what
stor	=	big, large
million	=	million
en voksen	=	a grown up, a adult
to voksne	=	two grown ups, two adults
half	=	halv

Lesson 12

et navn	=	a name
navnet	=	the name
navne	=	names
på	=	on
Karo		
Mis		
Maria		
hedder	=	is called
John		
treogtyve	=	twentythree
fireogtyve	=	twentyfour
Karla		
Viggo		

Lesson 13

søndag	=	sunday
mandag	=	monday
tirsdag	=	tuesday
onsdag	=	wednesday
torsdag	=	thursday
fredag	=	friday
lørdag	=	saturday
uge	=	week
uger	=	weeks
første	=	first
anden	=	second
tredje	=	third
fjerde	=	fourth
femte	=	fifth
sjette	=	sixth
syvende	=	seventh
sidste	=	last
dag	=	day
dage	=	days
af	=	of, off
midten	=	the middle
kommer	=	comes
gør	=	do, does
hvilken	=	who, which, what
før	=	before
efter	=	after
femogtyve	=	twentyfive

Lesson 14

januar	=	January
februar	=	February
marts	=	March
april	=	April
maj	=	May
juni	=	June
juli	=	July
august	=	August
september	=	September
oktober	=	October
november	=	November
december	=	December
måned	=	month
måneder	=	months
seksogtyve	=	twentysix
syvogtyve	=	twentyseven
otteogtyve	=	twentyeight
niogtyve	=	twentynine
tredive	=	thirty
enogtredive	=	thirtyone
ottende	=	eight
niende	=	ninth
tiende	=	tenth
ellevte	=	eleventh
tolvte	=	twelfth
trettende	=	thirteenth
enogfyrre	=	fortyone
niogtredive	=	thirtynine
hvilken	=	who, which, what
hvilke	=	same as above (plural)
bliver	=	becomes
gammel	=	old
fødselsdag	=	birthday
hvornår	=	when
Deres	=	yours
enogtredivte	=	thirtyfirst
år	=	year

Lesson 15
____

bogstav   = letter
bogstaver   = letters
lille   = small, little
små   = little, small
dansk   = Danish
alfabet   = alphabet
stave   = spell
bilnummer   = license number
telefon   = telephone
telefonnummer   = telephone number
tal   = number, figure
total   = the figure two
femtal   = the figure five
tretal   = the figure three
hundrede   = hundred

____

Lesson 16
____

dette   = this
ur   = clock
urskive   = dial
viser   = hand (of clock)
står   = stands
klokken   = the clock
mellem   = between, among
over   = over
minut   = minute
minutter   = minutes
time   = hour
timer   = hours
timen   = the hour
timerne   = the hours
sekund   = second
sekunder   = seconds
sekundet   = the second
sekunderne   = the seconds
sekundviser   = second-hand
                       (small hand, clock)

kvarter   = quarter
tres   = sixty
når   = when
nul   = zero
tredive   = thirty

Lesson 17

Knudshoved		
Halsskov		
kun	=	only
hverdag	=	weekday
til	=	to, till
færge	=	ferry boat
Korsør		
Nyborg		
sejler	=	sails
ved	=	know (s)
enogtredive	=	thirtyone

Lesson 18

døgn	=	24 hrs
middag	=	midday, noon, dinner
midnat	=	midnight
formiddag	=	morning, forenoon
eftermiddag	=	afternoon
morgen	=	morning
aften	=	evening
nat	=	night
nætter	=	nights
lang	=	long
kort	=	short
sommer	=	summer
vinter	=	winter
forår	=	spring
efterår	=	fall
årstid	=	season
tid	=	time
Australien		
solen	=	the sun
skinner	=	shines
lys	=	light, fair
mørk	=	dark
alle	=	all
om	=	in, if, around
fyrre	=	forty

Lesson 19
____
modsat   = opposite

____

Lesson 20
____
finger   = finger
hånd   = hand
arm   = arm
fod   = foot
fødder   = feet
ben   = leg
tå   = toe
tæer   = toes
ansigt   = face
øje   = eye
øjne   = eyes
øre   = ear
ører   = ears
næse   = nose
mund   = mouth
hoved   = head
hals   = neck
krop   = body
sidder   = sits

Lesson 21

```
kort              = map, card
nord              = north
syd               = south
øst               = east
vest              = west
op                = up
ned               = down
hav               = ocean, sea
havet             = the ocean, the sea
Vesterhavet       = North Sea
Tyskland          = Germany
Østersøen         = The Baltic Sea
Sjælland          = Zealand
Øresund           = The Sound
Fyn               = Funen
ø                 = Island
halvø             = peninsula
Storebælt         = The Great Belt
Lillebælt         = The Little Belt
bælt              = strait
sund              = sound
eller             = or
Finland
Rusland           = Russia
venstre           = left
højre             = right
fjord             = fjord
åben              = open
lukket            = closed
Holbæk
Isefjorden
Ålborg
Limfjorden
Vendsyssel
Thy
Himmerland
Sønderjylland
Bornholm
bro               = bridge
Lillebæltsbroen = The Little Belt Bridge
tog               = train
under             = under
Storstrømmen
Falster
kører             = rides, drives
Jylland           = Jutland
```

Lesson 22

lige	=	straight, just, even
ulige	=	odd
gade	=	street
dør	=	door
vindue	=	window
standser	=	stops
så	=	then, so
og så videre	=	and so on
går	=	goes, walks
goddag	=	godday, hello, how are you
min	=	my, mine
mit	=	my, mine
vi	=	we
velkommen	=	welcome
ind	=	in
ud	=	out
siger	=	says
giver	=	gives
her	=	here
herre	=	gentleman
dame	=	lady
vores	=	our, ours

Lesson 23

stol	=	chair
jo	=	yes
elefant	=	elephant
trækker	=	pulls
vognen	=	carriage, car

Lesson 24

bord	=	table
æble	=	apple
spiser	=	eats
glas	=	glass
mælk	=	milk
drikker	=	drinks
mad	=	food
morgenmad	=	breakfast
middagsmad	=	dinner
aftensmad	=	supper
frokost	=	lunch
måltid	=	meal
te	=	tea
kaffe	=	coffee
eftermiddagste	=	afternoon tea
- kaffe	=	afternoon coffee
"værsgo"	=	"here you are"
velbekomme	=	"I hope you all had a good meal"
tak	=	thank you
får	=	gets
dem	=	them

Lesson 25

møbel	=	piece of furniture
sofa	=	sofa, couch
stue	=	room
spisestue	=	diningroom
dagligstue	=	sitting-room
sover	=	sleeps
værelse	=	room
soveværelse	=	bedroom
køkken	=	kitchen
rum	=	room
entré	=	hall
badeværelse	=	bathroom
nogen	=	some, any, somebody, anybody
godnat	=	goodnight
sin	=	his, hers, its
sit	=	his, hers, its
laver	=	makes

Lesson 26

sprog	=	language
tres	=	sixty
bog	=	book
taler	=	speaks
spansk	=	spanish
man	=	one, you (a man)
England		
forstår	=	understands
Dem	=	you
hinanden	=	each other
samme	=	same
Spanien	=	Spain
som	=	as, who, which, that
engelsk	=	English

Lesson 27

hvorfor	=	why
fordi	=	because

Lesson 28

nogen	=	some, any, somebody, anybody
noget	=	something, anything
nogle	=	some any

Lesson 29

løve	=	lion
landsby	=	village
kilometer	=	kilometre
vej	=	road, way
Slagelse		
Kalundborg		
større	=	bigger
tusinde	=	thousand
mindre	=	less, smaller
størst	=	biggest
mindst	=	least, smallest
end	=	than
gård	=	farm
ingen	=	no, none, nobody
flere	=	more
flest	=	most
heller	=	neither

Lesson 30

dansker	=	Dane
mexicaner	=	Mexican
amerikaner	=	American
japaner	=	Japanese
afrikaner	=	African
svensker	=	Swede
nordmand	=	Norwegian
englænder	=	Englishman
russer	=	Russian
tysker	=	German
inder	=	Indian
københavner	=	person from Copenhagen
stockholmer	=	- Stockholm
tysk	=	German
svensk	=	Swedish
norsk	=	Norwegian
inder	=	Indian

Lesson 31

skilt	=	sign
vejskilt	=	roadsign
står	=	stands
ser	=	sees
både - og	=	both - and
altid	=	always
Jacob Nielsen Vestergård		
sten	=	stone
en længe	=	a wing (of a house)
tolænget	=	two wings (of a house)
hen	=	up to

Lesson 32

fornavn	=	first name
efternavn	=	surname, family name
du	=	you
"dus" (at være)	=	be on first name terms
enten - eller	=	either - or
Karen		
Søren		
Inge		

Lesson 33

kan	=	can
se	=	see
kuffert	=	suitcase
flaske	=	bottle
vogn	=	carriage, car
telefonbox	=	telephone booth
båd	=	boat
skål	=	bowl
frk, frøken	=	miss

Lesson 34

dig	=	you
Dem	=	you

Lesson 35

hurtig	=	fast, quick
langsom	=	slow
lukker op	=	opens
hjelm	=	helmet, bonnet, hood
starte	=	start
dreje	=	turn
hjælpe	=	help
skubbe	=	push
tankstation	=	gasstation
benzin	=	gasoline

Lesson 36

penge	=	money
mønt	=	coin
seddel	=	bill, note
metal	=	metal
papir	=	paper
hvid	=	white
sort	=	black
gul	=	yellow
krone	=	krone
femkrone	=	five kroner
femøre	=	five øre
tiøre	=	ten øre
femogtyve øre	=	twentyfive øre
tier	=	ten (kroner bill, note)
halvtredser	=	fifty (kroner bill, note)
småpenge	=	coins, small change
tæller	=	counts
hvis	=	whose, if
mig	=	me
halvanden	=	one and a half
lavet	=	made, done
lidt	=	little
andre	=	others
vil	=	will
denne	=	this, this one

Lesson 37
____

ting   = thing
tallérken   = plate
gaffel   = fork
kniv   = knife
ske   = spoon
kop   = cup
teske   = teaspoon
person   = person
kuvert   = place setting
I   = you
jer   = you
cornflakes
gerne   = willingly, with pleasure,
                   usually
bede   = ask
skal   = shall, must
må   = may, must
brød   = bread
brødkniv   = breadknife
skærer   = cuts
smør   = butter
lægger   = lays, puts
tager   = takes
ham   = him
hende   = her
spørger   = asks
bruger   = uses
have   = have

____

Lesson 38
____

at   = to, that

____

Lesson 39
____

fabrik   = factory
arbejde   = work
cykel   = bicycle
cafeteria
behøver   = needs

Lesson 40
____

gætte	=	guess
sandt	=	true
lad	=	let
os	=	us
ved	=	know(s)
vel	=	well, I suppose

____

Lesson 41
____

butik	=	shop
kringle	=	pastry (pretzel shaped)
sådan	=	such, thus
bagerbutik	=	baker's shop
derinde	=	in there
bager	=	baker
sælger	=	seller
rug	=	rye
hvede	=	wheat
rugbrød	=	ryebread
franskbrød	=	french bread (white bread)
kager	=	cakes
disk	=	counter
ønsker	=	wishes, wants
wienerbrød	=	Danish pastry
igen	=	again
arbejder	=	workman, worker
begynder	=	begins
folk	=	people
morgenbrød	=	breakfast rolls
selv	=	self, himself, herself etc.
allerede	=	already
varer	=	articles, goods
chokolade	=	chocolate
hos	=	with
hver	=	each, every
købe	=	buy
ad	=	along, off
meget	=	much, very
farvel	=	good-bye
ingen	=	no, none, nobody
hænger	=	hangs

Lesson 42
____

no new words

____

Lesson 43
____

rejser   = gets up
skynder   = hurries
vasker   = washes
friserer   = dresses (hair)
barberer   = shaves
barbermaskine   = razor, shaver
spejl   = mirror
klæder   = clothes
bøjer   = bends, conjugates, declines
sko   = shoe(s)
kumme   = wash basin
sætter   = sets, puts
sætning   = sentence

____

Lesson 44
____

centimeter
blyant   = pencil
dobbelt   = double
meter   = meter
gange   = times (in multiplication)
hundrededel   = hundredth
tusindedel   = thousandth
høj   = tall, high
højere   = taller, higher
højest   = tallest, highest
længere   = longer
længst   = longest
kortere   = shorter
kortest   = shortest
terning   = die
bred   = broad
kubikcentimeter   = cubikcentimeter
liter   = liter
regne   = calculate
skriver   = writes
læser   = reads
skole   = school
klasse   = class
sammen   = together

Lesson 45

æder	=	eats
planter	=	plants
jord	=	earth, ground soil
træ	=	tree
frugt	=	fruit
æbletræ	=	appletree
hvede	=	wheat
kærne	=	churn
græs	=	grass
roe	=	beet, turnip
mark	=	field
gror	=	grows
lav	=	low
dyrke	=	cultivate, till
have	=	garden
landmand	=	farmer
bønder	=	farmers, peasants
frugttræer	=	fruit-trees
blomster	=	flowers
meget	=	much, very
mere	=	more
mest	=	most
tjene	=	earn, serve
holde	=	hold, keep
svin	=	pig
kød	=	meat
oksekød	=	beef
flæsk	=	pork (bacon)
svinekød	=	pork
ost	=	cheese
henter	=	fetches
spand	=	pail, bucket
mejeri	=	dairy
lastbil	=	lorry, truck
for eksempel	=	for example
foran	=	in front
atter	=	then again

Lesson 46

mølle	=	mill
møller	=	miller
male	=	paint, grind
mel	=	flour
vind	=	wind
blæse	=	blow
næsten	=	almost

Lesson 47

tang - tænger	=	tongs
vase	=	vase
glas	=	glass
guld	=	gold
sølv	=	silver
ring	=	ring
farve	=	color

Lesson 48

rigtigt	=	right, correct, quite, very much, true
nu	=	now
var	=	was, were
i går	=	yesterday
i morgen	=	tomorrow
i forgås	=	day before yesterday
i overmorgen	=	day after tomorrow
står - stod	=	stands, stood
vaskede	=	washed
cykler	=	bicycles
cyklede	=	bicycled
leger	=	plays
legede	=	played
spiser	=	eats
spiste	=	ate
fodbold	=	football, soccer
legepladsen	=	playground
sidder	=	sits
sad	=	sat
klasseværelset	=	the class room
læser-læste	=	reads, read
drikker	=	drinks
drak	=	drank
arbejder	=	works
arbejdede	=	worked
lektier	=	homework
hjem	=	home
gør - gjorde	=	do, does - did
bestiller	=	does, works, orders
bestilte	=	did, worked, ordered
være	=	be
ligger - lå	=	lies, lay
da	=	when

Lesson 49

Kirke	=	church
tur	=	trip, turn, tour
besøge	=	visit
mormor	=	grandmother (maternal)
bad	=	bath
maskine	=	machine, engine
kort	=	card
høre	=	hear
radio	=	radio
biografen	=	the movie theater, cinema

Lesson 50

allerede	=	already
hjalp	=	helped
foder	=	fodder
hjem	=	home
traktor	=	tractor
bad	=	asked
sække	=	sacks, bags
snakkede	=	talked
mens	=	while, whereas
kende	=	know
inviterede	=	invited
præsten	=	the priest
bibelen	=	the Bible
supermarked	=	supermarket
bygning	=	building
købe ind	=	shop
sæbe	=	soap
skrive op	=	note, write down

Lesson 51
____

adresse	=	address
konvolut	=	envelope
skrevet	=	written
maskine	=	machine, engine
posthus	=	post office
postbud	=	mailman
taske	=	bag
fuld	=	full
tom	=	empty
post	=	post
tilbage	=	back
frimærke	=	postage stamp
billede	=	picture
betale	=	pay
inden	=	before
uden	=	without
opleve	=	see, experience
god	=	good
nok	=	enough, certainly, I suppose
eksprestog	=	expresstrain
man	=	one, you
forsinket	=	delayed
perron	=	platform
vente	=	wait
hilse	=	greet
deraf	=	thereof
restaurant		
glad	=	glad
venlig	=	kind
hilsen	=	greeting
omme	=	around, over
ovre	=	past, gone beyond
kære	=	dear
station	=	station

____

Lesson 52
____

elektriker	=	electrician
værft	=	shipyard
lærer	=	teacher
idé	=	idea

Lesson 53

hverken	=	neither
gryde	=	pot
fugl	=	bird
fisk	=	fish
divan	=	divan
strømpe	=	stocking
vin	=	wine
øl	=	beer
bedst	=	best
hale	=	tail
støvle	=	boot

Lesson 54

været	=	been
alene	=	alone
sammen	=	together
ældre	=	older, elder
ældst	=	oldest, eldest
ven	=	friend
ofte	=	often
sent	=	late
nemlig	=	namely, certainly
let	=	easy, light
søvnig	=	sleepy
cirka	=	circa
samme	=	same
højskole	=	folk high school
for eksemple	=	for example
historie	=	history
geografi	=	geography
fag	=	subject
hveranden	=	every other
lærer	=	teacher
undervise	=	teach, instruct
foredrag	=	lecture
holde	=	hold, keep
somme tider	=	sometimes
diskussion	=	discussion
forklare	=	explain
hvordan	=	how
rundt	=	round
synes	=	thinks, seems
alder	=	age
elev	=	pupil

Lesson 55
---

fiskerbåde = fishingboats
kasse   = box
lastbil   = lorry, truck
hal   = hall

Lesson 56
---

no new words

Lesson 58
---

mur   = wall
kaldes   = is called
mursten   = bricks
bygge   = build
tyk   = thick
tynd   = thin
varm   = warm
varme   = heat, warmth
opvarme   = heat (to)
moderne   = modern
tag (et)   = roof - the roof
strå   = straw
stentag   = tiled roof
isolere   = insulate
kold   = cold
centralvarme = central heating
sende   = send
olie   = oil
farve   = color
pæn   = nice
hyggelig   = cosy, pleasant
fyre   = heat, put on the fire
kedel   = boiler

Lesson 57

no new words

Lesson 59

```
sagtens   = easily
rigtignok= certainly, sure
vals      = waltz
billet    = ticket
```

Lesson 60

```
værksted        = workshop
snedker         = joiner, cabinet maker
fag             = subject, trade
hospital        = hospital
syg             = sick, ill
rask            = well
fejle           = fail
prøve           = try, test
læge            = doctor
pleje           = (to) nurse
sygeplejerske   = nurse
grøntsager      = vegetables
gartner         = gardener
klinik          = clinic
dyrlæge         = veterinarian
fyldepen        = fountain pen
boghandler      = bookseller
handle          = deal in, with
slagter         = butcher
barber          = barber
vælge           = choose, elect
```

Lesson 61

```
figur        = figure
ens          = same
forskellig   = different
forskel      = difference
vende        = turn
lighed       = likeness, similarity
i fjor       = last year
bjerg        = mountain
dyb          = deep
landskab     = landscape
flod         = river
å            = stream, river
særlig       = very, particularly
temperatur   = temperature
vejr         = weather
få           = few, get
rig          = rich
fattig       = poor
dronning     = queen
smuk         = beautiful
yndig        = lovely
hellere      = rather
stærk        = strong
ikke engang  = not even
bakke        = hill
kuglepen     = ball point pen
```

Lesson 62

```
skovl        - shovel
talerstol    - pulpit, chair
kam          - comb
gulv         - floor
stige        - ladder
drukket      - drunk
maler        - painter
```

Lesson 63

busk	-	bush
bære	-	carry, bear
bær	-	berries
slags	-	kinds, types
ribs	-	red currants
solbær	-	black currants
hindbær	-	raspberries
pære	-	pear
saften	-	the juice
træde	-	tread, step
trådt	-	trodden, stepped
kartofler	-	potatoes
kartoffelmel	-	potato starch (flour)
grad	-	degree
koge	-	boil
røre	-	stir, touch
hælde	-	pour
kogende	-	boiling
tykkere	-	thicker
sukker	-	sugar
fløde	-	cream
rødgrød	-	fruit jelly
havre	-	oats
havregrød	-	oatmeal
rundt	-	around, round

Lesson 64

følgende	-	following
som om.	-	as if
møde	-	meet
tjener	-	servant, waiter
menukort	-	menu
diskutere	-	discuss
bøf	-	steak
regning	-	check
teater	-	theater
taxa	-	taxi
ven	-	friend
veninde	-	girlfriend
natmad	-	late supper
teaterstykke	-	play
spadsere	-	walk
af sted	-	off
dejlig	-	delightful
sød	-	sweet
tidlig	-	early
strand	-	beach
vågne	-	awake
danse	-	dance
klæde på	-	dress

Lesson 65

flittig	-	diligent
doven	-	lazy
gide (gad, gidet)	-	want to, bother, wanted to, bothered, has wanted to, has bothered
tro	-	believe
måde	-	way, manner
øller	-	beers
top	-	top

Lesson 66

når man gaber	– when one yawns
åbner man munden	– one opens the mouth
fordi man gerne vil sove	– because one wants to sleep
og når man gerne vil sove	– and when one wants to sleep
er man søvnig	– one is sleepy
og når man er søvnig	– and when one is sleepy
nikker man ofte med hovedet	– one often nods with ones head
op og ned	– up and down

Lesson 66   2nd section of new words:

himmel	– sky, heaven
blå	– blue
sky	– cloud
dække	– cover
overskyet	– cloudy
sjælden	– rare
skifte	– change
dårlig	– bad
grå	– grey
gabe	– yawn
nikke	– nod
gråvejr	– dull weather
regne	– rain
sne	– snow
længes	– long, yearn
romantisk	– romantic
tåge	– fog
dorsk	– dull
tavs	– silent
kampesten	– boulder
kind	– cheek
spå	– foretell, forecast
tværs	– across
vers	– verse
bryst	– breast, chest
våd	– wet
bedstemor	– grandmother
dråbe	– drop
datterdatter	– granddaughter
and – ænder	– duck, ducks

Lesson 67

Meteorologisk Institut	-	Meteorological Institute
vejrudsigt	-	weather forecast
gældende	-	being valid, pertaining to
opfriskende	-	increasing, refreshing
omslag	-	change
jævn	-	smooth, even
aftagende	-	decreasing
nærmeste	-	nearest
ustadigt	-	unstable
laveste	-	lowest
gennemsnitstemperatur	-	average temperature
normalen	-	the norm

Lesson 68

karm	-	frame
hængsel	-	hinge
håndtag	-	handle
nøgle	-	key
nøglehul	-	keyhole
lås	-	lock
låse	-	lock
udenfor	-	outside
beboer	-	inhabitant
altså	-	so, hence
måtte	-	doormat
trappesten	-	doorstep
dreje	-	turn
gadedør	-	front door (street door)
nabo	-	neighbour
genbo	-	neighbour (opposite)
stikke	-	stick
dørklokke	-	doorbell
navneskilt	-	doorplate (name plate)
ringe	-	ring
foroven	-	above, on top
forneden	-	below, at the base
knap	-	button

Lesson 69
----

juledag   - Christmas Day
juleaften   - Christmas Eve
helligdag   - holiday
højtid   - festival
tillykke   - congratulations,
                               many happy returns

julemiddag   - christmas dinner
juletræ   - Christmas tree
påske   - Easter
palmesøndag   - Palm Sunday
påskedag   - Easter Sunday
skærtorsdag   - Maunday Thursday
langfredag   - Good Friday
fri   - free
pinse   - Whitsun
pinsedag   - Whitsunday
store bededag   - a Danish public
                               holiday

Kristi himmelfartsdag   - Ascension Day
fastelavn   - Lent
alle vegne   - everywhere
Amalienhorg   - Royal Palace
plads   - place, spot,
                               square

vinke   - wave
fredag   - friday
grundlov   - constitution
grundlovsdag   - Constitution Day
parlament   - parliament
valg   - election
Valdemar
Valdemarsdag   - Valdemarsday
Dannebrog   - Danish Flag
Sankthansdag   - St. Hans dag
Sankthansaften   - St. Hans evening
bål   - bonfire
efterårsferie   - autumn holiday
kartofler   - potatoes
kartoffelferie   - potato (picking)
                               vacation
nytårsaften   - new years eve
ugideligt   - lazy
dengang   - at that time, then
maske   - mask

Lesson 70
----

ordsprog   - proverb
glashus   - glasshouse
save   - saw
gren   - branch
lugte   - smell
fatter   - daddy
følge   - follow
kaste   - throw
bæk   - brook
svend   - follower

Lesson 71
----

frem   - forward
løbende   - running
kørende   - riding, driving
love   - promise
snart   - soon
tand   - tooth
nakke   - back of neck

Lesson 72
----

mon   - "I wonder"
bukser   - trousers
forbi   - past, over
derinde   - in there

Lesson 73

almindelig	-	common
tit	-	often
betyde	-	mean
vanskelig	-	difficult
mene	-	think, mean
situation	-	situation
tænke	-	think
bevidsthed	-	conciousness
ansvar	-	responsibility
fynbo	-	man from Funen
samtale	-	conversation
stød	-	glottal stop
stop	-	stop
synd	-	pity
egen	-	own
talende	-	speaker
ked	-	loath, sorry
afgøre	-	decide
især	-	particularly
sætning	-	sentence
forandre	-	change
støj	-	noise
klar	-	clear
forbavset	-	surprised
tanke	-	thought
høflig	-	polite
drille	-	tease
ligne	-	be like, look like
sikker	-	sure
falde	-	fall

Lesson 74

pakke	-	parcel
posthus	-	post office
postkasse	-	mailbox, pillarbox
avis	-	newspaper
postanvisning	-	money order
girokort	-	in payment form
adressekort	-	dispatch note
porto	-	postage

Lesson 75

molbo	– inhabitant of Mols
historie	– history, story
som regel	– as a rule
dum	– stupid
humor	– humour
stork	– stork
vane	– habit
rugmark	– rye field
frø	– frog, seed
hyrde	– shepherd, herdsman
jage	– drive, hunt
bred	– broad
bud	– message
bange	– afraid
idé	– idea
klare	– arrange, manage
røre	– touch, stir
markled	– gate
molbohistorie	– a story from Mols
fiske	– fish
snøre	– line
prop	– cork
flyde	– flow, float
flytte	– move, remove
brønd	– well
grave	– dig
bunke	– heap
jordbunke	– heap of earth
enig	– agreed
værre	– worse
slem	– bad
passe	– look after
smile	– smile
fange	– catch

Lesson 76

repræsentant	-	representative
tegne	-	draw
tegning	-	drawing
tegneserie	-	cartoon
simpel	-	simple
stjerne	-	star
grantræ	-	spruce
individ	-	individual
helvede	-	hell
reol	-	bookcase
hylde	-	shelf
istid	-	ice age
opdage	-	discover
glemme	-	forget
låne	-	lend, borrow
allerbedst	-	very best
brædder	-	boards
kasse	-	box
bogryg	-	back of book (spine)
for resten	-	by the way
undgå	-	avoid
franeden	-	from below
fred	-	peace
tabe	-	lose
lykke	-	happiness
nytte	-	use, help
liv	-	life
skov	-	woods
nemlig	-	namely, certainly
masse	-	lot

Lesson 77

arbejdsformand	-	foreman
mil	-	mile
gutter	-	boys, lads
tjans	-	chance
vittighed	-	joke
græstørv	-	turf
overjord	-	top soil
skyskraber	-	skyscraper
besvær	-	trouble
skarp	-	sharp
grønskolling	-	greenhorn
grin	-	laugh, grin
nar	-	fool
trillebør	-	wheelbarrow
vrøvl	-	nonsense
hold	-	hold
arbejdstilsynet	-	industrial inspection
ingeniør	-	engineer
knold	-	clod
sæbebobler	-	soapbubbles
overslag	-	estimate
håndkraft	-	manual power
pege	-	point
fjerne	-	remove
skride	-	slip
berolige	-	calm (down)
pumpe	-	pump
advare	-	warn
grine	-	laugh, grin
planlægge	-	plan
erklære	-	state
brænde af	-	burn
drøne	-	rush
ordentlig	-	regular
nedadvendt	-	downwards
ude om det	-	to be asking for it
erfaren	-	experienced
rimelig	-	fair
tosset	-	crazy
ligeglad	-	don't care
kejthåndet	-	lefthanded
gale	-	mad
kortfattet	-	brief
ophidset	-	excited
rum	-	room